# DE

# L'AGRICULTURE FRANÇAISE

## ET

## DES CAUSES DE SA MISÈRE.

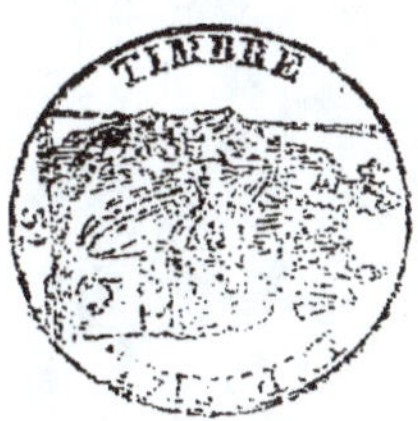

DE

# L'AGRICULTURE

## FRANÇAISE

ET

## DES CAUSES DE SA MISÈRE.

L'IMPOT. — LA LOI DE 1861. — LA LOI DE 1807

PAR

## M. PERRIN DE GRANDPRÉ.

—————

PARIS,     TOULOUSE,
GUILLAUMIN ET Cᵉ, LIB.-ÉDIT.     DELBOY, LIBRAIRE-ÉDITEUR,
Rue Richelieu, 14.     Rue de la Pomme, 71.

—

1865

# DE

# L'AGRICULTURE FRANÇAISE

## ET

## DES CAUSES DE SA MISÈRE.

---

L'agriculture française se débat depuis plusieurs années dans une crise qui, au lieu de se calmer, empire tous les jours, et dont la fin semble devoir lui être mortelle. Le premier des arts, comme disaient les anciens, en est devenu le dernier, et pendant qu'il est de mode de célébrer une prospérité générale inconnue jusqu'à nous, au milieu de notre société florissante s'agite dans un travail ingrat et stérile toute une classe de citoyens, la plus honorée de tout temps, la plus utile, aujourd'hui la plus sacrifiée.

Comment et par quelle suite de fautes, par quelle incurie en est-on venu à ce point, que le triste état de l'agriculture française menace de devenir un malheur public après avoir été une cause persévérante de misères privées? Nous voulons essayer de le dire et de rechercher si, par un aveuglement incroyable dans l'énumération des faits par lesquels on a l'habitude

d'expliquer les souffrances de la propriété , les faits
principaux ne sont pas mis de côté et oubliés. Nous
voulons signaler ces faits et le remède à des souffrances, lesquelles, si elles ne sont point soulagées promp-
tement, doivent s'aggraver de jour en jour, parce que
leur aggravation est dans les nécessités et dans les
conséquences du système économique qui triomphe.

---

Il y a en France une Société impériale et centrale
d'agriculture, il y a cinq ou six cents comices, il y a
une assemblée représentative élue par une majorité
immense de propriétaires fonciers, il y a de nombreux
journaux, eh bien! cherchez dans les comices, dans
les journaux, dans l'assemblée représentative, une pro-
testation considérable en faveur des intérêts du sol,
vous ne le trouverez pas; qu'une voix courageuse
veuille parler, on l'étouffe comme importune : un
silence magnifique règne dans les régions officielles et
officieuses; et lorsque ces mêmes comices réunis en
séance solennelle semblent devoir s'occuper de choses
sérieuses , on entend des voix s'élever pour célébrer
le progrès agricole et pour remercier le préfet et le
sous-préfet de l'intérêt qu'ils daignent prendre à l'agriculture.

Nous n'étonnerons personne en affirmant que la
vérité est en opposition flagrante avec le tableau en-
chanté que les fonctionnaires et les dignitaires des
comices tracent d'une situation que tout le monde
déplore; le lyrisme officiel jure avec la réalité des
choses, et quand on proclame avec emphase que l'agri-

culture est florissante, on ferme les yeux à la lumière, on ferme l'oreille au murmure qui s'élève des champs, des salons et de la place publique, et pour être agréable, on se dispense d'être vrai.

Mais nous-mêmes sommes-nous dans la vérité et notre plainte est-elle juste? Nous disons que l'assemblée représentative ne s'occupe pas d'agriculture; nous n'avons pas oublié cependant que dans la session dernière, un représentant s'est hasardé à dénoncer la détresse agricole : oui, sans doute; mais un économiste lui a répondu que cette détresse avait pour cause le mauvais état des voies navigables et les fraudes commises dans le commerce des engrais; sur ces deux motifs, allégués en deux mots, l'assemblée se déclara convaincue et passa outre.

Est-il bien vrai que la Société impériale et centrale reste étrangère à la crise qui désole la propriété? Ne vient-elle pas d'ouvrir une enquête? nous le savons; mais lisez son questionnaire, et dites-nous quelle conclusion sérieuse on doit attendre d'une discussion ouverte sur des questions surannées auxquelles tous les catéchismes d'agriculture ont répondu d'avance.

Est-il juste de dire que les comices se taisent? Il en est, on le sait, qui donnent pour but à la sagacité de leurs membres de rechercher la cause du mal; mais quand on a découvert la dépopulation des campagnes, le haut prix des salaires, l'ignorance, on croit avoir tout dit, et on n'a rien dit; car à des causes secondaires on attache une importance capitale qu'elles n'ont pas.

Le manque de bras renchérit la main-d'œuvre; c'est une très-fâcheuse condition, dans une industrie surtout qui ne sait pas ou ne peut pas comme tant d'autres faire payer au consommateur la surélévation de ses frais. On explique ce renchérissement par plusieurs raisons, toutes excellentes; il en est une cependant que l'on ne dit pas assez : si les bras manquent, si le peuple abandonne les campagnes, c'est une injustice de lui imputer tout le tort, toute la faute de cet abandon; le peuple suit l'exemple de la bourgeoisie qui fuit ses domaines : pourquoi le propriétaire du sol s'éloigne-t-il de sa propriété? Voilà la question : rendez à la terre son maître, les serviteurs lui seront rendus.

Quant à l'ignorance, tout le monde sait que cette ignorance est une invention des savants plutôt qu'une réalité. L'agriculture est une science simple, élémentaire, à la portée de toutes les intelligences. Son ennemie, c'est la routine, et si cette routine doit céder, elle cédera à la démonstration par les faits bien plus qu'à l'enseignement de l'école. Nous sommes loin de proscrire l'école; mais ce n'est pas elle, croyons-nous, qui changera la face des champs; ce qui peut la changer, c'est le bon exemple, l'exemple de bonnes méthodes; mais cet enseignement de l'exemple, qui le donnera si la ferme ne le donne pas? Il faut donc, ici comme ailleurs, revenir à l'intervention directe du détenteur du sol, et la même cause qui vaincra la dépopulation vaincra l'ignorance, c'est-à-dire le goût du propriétaire pour sa propriété, et le soin des intérêts qui s'y rattachent.

Or, voici ce qui se passe.

Pendant que le paysan, par des prodiges de travail et d'économie, supplée à la science qui lui manque, et force la terre à ne pas lui être marâtre, la propriété et la jouissance de cette même terre semblent de plus en plus interdites aux classes moyennes de la société française. Nous assistons à un mouvement général de déplacement ; la bourgeoisie vend sa terre, instrument de ruine. Le paysan, sans capitaux pour la faire valoir, souvent sans argent pour la payer, sans autre science qu'une routine plus ou moins intelligente, achète et envahit tout. A quelque point de vue que l'on se place pour juger cet état de choses, on ne peut s'empêcher d'y voir un mal profond, dont le danger, encore inconnu, ne peut tarder à éclater.

L'opinion publique se préoccupe avec raison de l'influence funeste exercée par la loi de 1861. Nous en dirons quelques mots.

Mais cette même opinion publique se préoccupe trop peu, ce nous semble, de la véritable cause de notre mal. Cette cause, à nos yeux, c'est l'inégalité devant la loi de la condition du cultivateur avec la condition des classes privilégiées ; cette condition ruineuse lui est faite par l'impôt et par le crédit. On parle peu de l'impôt, on parle peu du crédit, on parle moins encore de réformes devenues urgentes. Nous en parlerons.

# L'IMPOT.

M. d'Audiffret, après avoir fait l'énumération des charges directes de la propriété foncière, qui s'élevaient, il y a vingt-cinq ans, à une somme de 450 millions, ajoutait :

« Cet état de choses doit avertir le pays le plus agricole qu'il importe de ne pas réduire outre mesure les revenus affectés au salaire de la plus grande partie de la population, et qu'en restreignant trop les frais de la culture au profit du Trésor, on décourage les améliorations qui assurent le pain de l'indigence et concourent au bien-être de toutes les classes laborieuses.

» Il serait juste, ajoutait-il, de se rappeler que la propriété foncière supporte aujourd'hui plus de la moitié des charges publiques par le paiement d'impôts directs, en même temps qu'elle prend une part très-large à toutes les autres contributions (1). »

Plus tard, en 1861, M. Fould, ministre des finances, faisait entendre ces paroles :

« La propriété du sol est surchargée ; l'impôt multiple qui pèse directement et indirectement sur la terre... la place, comparativement aux autres valeurs,

---

(1) *Système financier de la France*, par M. le marquis d'Audiffret.

dans une situation qui provoque depuis longtemps les méditations des hommes sérieux (1). »

Depuis le jour où M. d'Audiffret et M. Fould donnaient ces avertissements, tous les impôts directs et indirects se sont accrus dans les proportions que chacun connaît, et l'on attend encore le résultat des méditations des hommes sérieux auxquels faisait appel le ministre des finances.

Notre intention, en écrivant ces lignes, n'est pas de discuter la convenance ou l'inconvenance, le vice ou le mérite de l'impôt dans les formes variées qu'il sait prendre : il est dur, il est lourd, il est écrasant ; c'est un fait acquis dont la preuve surabonde : chacun peut se la faire à soi-même ; nous voulons poser la question de sa constitutionnalité et demander s'il n'est pas vrai que l'impôt direct, qui sait frapper la propriété foncière, ne méconnaît pas la volonté de nos lois fondamentales en épargnant les formes diverses de la propriété mobilière.

C'est la plainte de l'agriculture ; elle se plaint, non pas de porter sa part des charges publiques, elle se plaint de porter la part des autres.

---

Tout le monde sait qu'avant 89, l'impôt foncier était arbitrairement et très-inégalement réparti. Par une loi de l'assemblée nationale, la distinction des terres nobles et roturières fut supprimée ; toutes furent déclarées égales devant la loi. Ce fut un bienfait, sans

(1) Exposé des motifs à l'appui du projet du budget de 1851.

doute ; mais, comme fatiguée de l'effort que lui avait coûté cette réforme, l'assemblée abandonna à ses successeurs le soin d'achever sa tâche ; or, ses successeurs, qui ont mis la main à tant de choses, ont dédaigné de s'occuper de la chose qui fait la préoccupation constante des hommes d'Etat anglais : le remaniement de l'impôt. Chez nous, quelques noms ont été changés : le fait et l'abus sont restés les mêmes. Droit d'enregistrement, droit d'octroi, droit de sel, prestations au lieu de corvées, droits réunis au lieu de gabelle, toute cette variété de contributions antiques fleurit et prospère en 1865 comme avant 1789, et s'il est une chose qui ait résisté à l'ébranlement de cette époque, cette chose c'est l'impôt.

Mais si la révolution française s'est montrée impuissante à fonder la pratique de l'impôt, elle en a proclamé le principe dans l'article 13e de la constitution de 89, ainsi conçu :

Article 13. « Pour l'entretien de la force publique » et les dépenses de l'administration, une constitu-» tion commune est indispensable ; elle doit être éga-» lement répartie entre tous les citoyens en raison de. » leurs facultés. »

Eh bien ! qu'avons-nous vu ? Nous avons vu tous les gouvernements, qui se sont succédé depuis soixante-quinze ans, inscrire en tête de leurs dix constitutions cette solennelle déclaration de l'assemblée constituante. Mais unanimes à proclamer la loi, ils ont été unanimes à la violer, et sous tous ces régimes divers, sa volonté, hautement exprimée, est restée lettre morte. Les revenus mobiliers ont su échapper à l'impôt, et le sol a continué de porter seul comme autrefois le poids énorme signalé et détaillé par M. d'Audiffret.

Ceux qui cherchent ailleurs que dans cette condition faite à la propriété la cause de sa misère, se donnent une peine inutile : la cause du mal, la voilà. Lorsque dans une société dont la loi est l'égalité, vous verrez une classe de citoyens frappée tout entière par des lois d'exception, affirmez hautement que les intérêts qui se rattachent à cette classe sont gravement compromis ; que si vous voyez ces mêmes citoyens se soumettre à leur sort sans protester, vous admirerez la décadence d'un grand peuple, et comment avec des mots on peut l'abrutir au point de lui faire accepter, comme un fruit de la civilisation moderne, un état de choses contre lequel la nation tout entière se soulevait dans ses comices de 1789.

Ce n'est pas tout : pendant que tous nos gouvernements ont marché dans l'ornière de l'ancien régime, plus coupables que l'ancien régime, car ils violaient une loi écrite et proclamée par eux, la Suisse démocratique, l'aristocratique Angleterre, l'Autriche échappée au pouvoir absolu, nous ne parlons pas des Etats-Unis, toutes ces nations ont mis dans la pratique de leurs lois d'impôts cette égalité que nous nous contentons, nous, d'inscrire sur la feuille volante de nos constitutions ; infligeant à la France cette humiliation de lui imposer l'exemple de la justice.... elles, nations sans principes ! que serait-ce donc si, comme la France, elles avaient non-seulement des principes, mais encore des principes immortels ?

Eh bien ! avec nos principes immortels, il arrive que la propriété foncière se trouve en 1865 dans la même position où elle était en 1789, marquée, par l'impôt, du sceau qui a été de tout temps le sceau de la roture, travaillant et payant la *taille* non plus pour le compte d'une aristocratie nobiliaire, mais pour le compte d'une aristocratie financière, dont une législation complice protége les priviléges.

Que nous sommes loin de la raison d'un peuple libre, et de la dignité civique qui sait faire accepter à chacun son devoir comme son droit ! Lorsqu'en 1803, prévoyant la durée de la lutte engagée contre la France, Pitt rétablit en Angleterre l'impôt sur le revenu, voici quelle en fut la base et quel fut le produit de la première année.

| | |
|---|---|
| Le 10e sur les revenus des propriétaires. . . . . . . . . . . . . . | 107,500,000 fr. |
| Le 10e des revenus des fermiers. | 100,000,000 |
| Le 10e des intérêts de la dette publique. . . . . . . . . . . . . | 75,000,000 |
| Le 10e des dettes privées. . . . . | 37,000,000 |
| Le 10e des revenus des maisons. | 40,000,000 |
| Le 10e du traitement des fonctionnaires, des pensions, des bénéfices des gens de loi, médecins, ingénieurs, etc. . . . . . . . . . . . | 18,750,000 |
| Le 10e des produits des manufactures, du commerce intérieur et extérieur, navigation, mines, usines, etc. . . . . . . . . . . . . . | 55,500,000 |

Ce qu'il faut voir dans ce tableau, qui n'a pas varié, si le produit a subi de nombreuses variations, ce qu'il y faut voir, c'est le soin avec lequel tout Anglais sans distinction fournit à l'Etat sa contribution.

Toutes les sources du revenu sont atteintes ; et si cet impôt soulève de temps en temps des murmures, ce n'est pas contre la forme que l'on proteste, c'est contre l'impôt en lui-même. Tout impôt, quel que soit sa sagesse et sa justice, est désagréable à celui qui le paie, en Angleterre comme ailleurs.

Or, la sagesse et l'équité de l'impôt sur le revenu ne se discutent pas.

La puérilité serait grande, en effet, de chercher à démontrer qu'un titre de rente, une action ou obligation de chemin de fer, une créance hypothécaire, une pension ou un traitement de fonctionnaire, l'industrie dans toutes ses branches, sont moins intéressés à la tranquillité publique que le sol du cultivateur ; c'est le contraire qui est la vérité, et ces intérêts divers, plus mobiles, plus sensibles aux commotions politiques, devraient, précisément à cause de leur délicatesse de nature, ayant besoin d'être mieux sauvegardés, payer, dans toute société bien organisée, la plus grosse part de l'impôt ; cela était vrai du temps de Voltaire (1), cela est bien plus vrai aujourd'hui que la masse de ces intérêts s'est accrue dans des proportions énormes. Eh bien ! par un renversement du sens commun, tous ces éléments de la fortune privée qui sont atteints en Amérique, en Angleterre, en

___

(1) Il est nécessaire, équitable, que l'industrie raffinée du négociant paie plus que l'industrie grossière du laboureur ; il en est de même des receveurs des deniers publics. (Voltaire, *L'Homme aux quarante écus.*)

Le capitaliste, tel que le dix-neuvième siècle l'a révélé au monde, n'existait pas du temps de Volatire. Que n'eût-il pas dit, s'il l'eût connu !

Suisse, en Autriche, dans tous les pays civilisés, sont chez nous affranchis de toute redevance.

Et non-seulement ils sont affranchis, mais l'acharnement à ménager ces priviléges incroyables est si grand, et l'habitude de frapper la propriété indirectement quand on ne peut le faire directement est si invétérée, que c'est toujours elle qui supporte les nouvelles charges. Voyez ce qui s'est passé en 1857. A la suite des conventions funestes de l'Etat avec les compagnies de chemins de fer, il a fallu, pour garantir leurs intérêts menacés, créer de nouveaux impôts : qu'a-t-on imaginé? l'impôt des voitures (1) et le double décime, hostile aux transactions territoriales. L'impôt des voitures n'a pas donné quatre millions. Quatre millions ! c'est exactement le chiffre que devrait payer la banque de France taxée au dixième de son revenu, qui est de quarante millions (2); et si cette même retenue du dixième était opérée en France comme en Angleterre sur le traitement des fonctionnaires publics, on peut affirmer qu'il n'y a pas de ville de province où la retenue sur les quatre ou cinq plus gros traitements n'eût rendu au trésor une somme plus forte que la

(1) L'impôt des chevaux et voitures est un impôt très-direct contre la propriété foncière, malgré les exceptions stipulées dans la loi. Les neuf dixièmes des voitures en France n'existent que par et pour la propriété. La preuve en est dans la facilité avec laquelle de très-gros capitalistes et de très-gros fonctionnaires savent se passer de chevaux et de voitures, tandis que le plus petit propriétaire ne le peut. Cette malencontreuse loi a été retirée.

(2) Elle paie une patente de 20,000 fr. Nous connaissons une usine qui paie un impôt de 7,000 fr., foncier et patente, et dont le revenu est de 15,000 fr.

somme arrachée aux contribuables par ce misérable impôt.

Voilà ce qui s'est fait en 1857. Que fera-t-on dans l'avenir?

Lorsque, dans un temps prochain, il faudra trouver des ressources pour servir deux cents millions de garanties aux porteurs d'obligations du deuxième et troisième réseau, est-ce encore à la propriété immobilière qu'on les demandera?

Lui demandera-t-on de faire les frais de cette immense facétie des chemins de fer départementaux destinés à donner un revenu au-dessous de zéro?

Les fantaisies des maires, petits et grands, s'amusant à démolir et à rebâtir les villes, les générosités des conseils généraux pour les préfets, seront-ce toujours les centimes additionnels aux quatre contributions qui en auront la charge, et ne verrons-nous point surgir enfin, pour les soulager, une cinquième contribution, la contribution capitaliste, dont le besoin et la convenance se font si impérieusement sentir?

Disons-le donc : la condition ridicule et cruelle faite à la propriété dans le passé et dans le présent ne semble pas pouvoir se prolonger plus longtemps sans péril pour elle-même et sans péril pour tout le monde ; elle a souffert, elle souffre, elle porte un fardeau dont elle demande à partager le poids avec deux classes de citoyens, capitalistes et fonctionnaires, très-recommandables sans doute, mais qui n'ont rien fait pour mériter cet excès d'honneur de vivre au-dessus et au mépris de la loi constitutionnelle de l'impôt : l'égalité.

Notre avis, nous le savons, n'est pas l'avis de

tous. L'esprit public est si parfaitement bien perverti, que l'impôt sur le revenu passe, aux yeux du plus grand nombre, pour une mesure socialiste, et les économistes, directeurs de cet esprit public, qui pourraient éclairer l'opinion, se gardent bien de toucher cette corde. Tout le monde sait, en effet, que, parmi les gens d'esprit variés qu'ils possèdent, ces messieurs possèdent l'esprit principal de n'être pas propriétaires fonciers. Allez demander, par exemple, à M. Barral, économiste de profession et directeur par occasion du *Journal d'agriculture pratique*, allez lui demander de vous faire voir l'avertissement de son percepteur et la cote de ses impositions, tous ses biens ruraux : vous le ferez sourire. L'économiste français disserte savamment sur l'incidence de l'impôt et se tient savamment à l'abri de l'incidence.

----

Mais à côté du silence majestueux et motivé d'une certaine classe de publicistes, il en est d'autres qui voient là vérité et la disent.

« L'impôt des valeurs, sous quelques formes qu'elles » se présentent, dit M. Rondelet, est un acte de justice » qu'on ne peut contester, un acte de sage politique » dont il serait difficile de mettre en doute l'opportunité, un acte de moralité, eu égard à l'énormité » de nos tendances actuelles.

» Si l'on ne se décide à mettre une main résolue » sur des capitaux mal à propos affranchis de toute » redevance, la propriété territoriale ne se relèvera pas de la défaveur contre laquelle elle lutte, » et cependant cette défaveur compromet sérieuse-

» ment l'équilibre économique de la production (1). »

Il s'agit donc de mettre courageusement la main à l'œuvre. La réforme de l'impôt sera pour l'agriculture le commencement d'une ère nouvelle, et viendra prouver aux esprits les plus difficiles que l'Etat ne veut pas lui être seulement bienveillant en paroles, mais qu'il veut que sa bienveillance soit efficace.

Aussi bien, en ajournant cette réforme, on risque de se heurter contre deux périls graves et redoutables.

La corde, trop tendue, peut casser. L'agriculture, soumise à des lois fiscales excessives, ayant à lutter contre des lois économiques dont la volonté hautement exprimée est d'abaisser le prix des produits du sol, peut se trouver dans l'impossibilité de payer l'impôt ; et si à cette impuissance, née de la force des choses et non d'une volonté mauvaise, vient se joindre chez les paysans le sentiment de leur dignité méconnue : s'ils se disent que, citoyens d'un pays où doit régner l'égalité devant la loi, l'inégalité, contre laquelle protestaient leurs pères, est encore la loi qui leur est faite ; s'ils se fatiguent d'être, comme on les a nommés, les fermiers (2) de la rente, des circon-

---

(1) *Du spiritualisme en économie politique*, par M. Antonin Rondelet. Ouvrage couronné par l'Académie des sciences morales et politiques. Paris, Didier et Ce, quai des Augustins, 35.

(2) Dans la discussion sur le projet de conversion des rentes proposé par M. de Villèle, M. de Souvigny, député de la Sarthe, monta à la tribune et dit ces paroles : « J'ignore ce que l'on réserve aux contri- » buables pour les années calamiteuses ; mais il vaudrait mieux vous » proposer de suite de voter que, désormais, les propriétaires seront » les *fermiers* des rentiers. » (*Moniteur*, séance du 26 avril 1824. Cité par M. Paul Coq, dans son excellent livre : *Le sol et la haute banque*. Paris, Guillaumin, éditeur.

stances peuvent se présenter déplorables pour eux et déplorables pour l'Etat lui-même.

Voilà un premier danger ; voici le second.

L'argumentation la plus déliée, les distinctions les plus subtiles ne parviendront jamais à justifier le privilége qui affranchit de toute redevance les revenus mobiliers. Ce privilége est nominativement interdit par la loi. La loi est formelle ; elle est vivante ; elle n'est pas exécutée.

Or, s'il est permis de comparer les grandes choses aux petites, reportons-nous aux habitudes d'une bonne comptabilité, habitudes dictées par le sentiment de la justice la plus élémentaire, nous y verrons que, dans tout règlement, un compte n'est clos que sous cette réserve expresse : *sauf erreur ou omission.*

Dans le cas qui nous occupe, l'erreur n'existe pas ; le texte de la loi est précis : le doute n'est pas possible sur son interprétation ; il y a omission ; or, toute omission doit être réparée, si elle peut l'être.

Si donc la loi annuelle du budget des recettes a négligé de demander à la rente, à la banque, aux compagnies des chemins de fer, aux fonctionnaires, aux créanciers hypothécaires, la part de contribution aux charges publiques qu'ils sont tenus de payer en vertu de l'article 1er de la constitution du deuxième Empire, ainsi conçu :

« La constitution reconnaît, confirme et garantit les » grands principes proclamés en 1789, et qui sont la » base du droit public des Français. »

N'est-on pas autorisé à voir, dans la négligence de de l'assemblée législative, une omission qui, avec un peu de bonne volonté, peut être facilement réparée.

Nous voulons bien croire que ce retour sur un passé peu régulier ne sera point fait : nous voulons le croire; mais qui jamais a lu dans l'avenir, et qui sait?

La statistique nous apprend que la fortune mobilière de la France est égale à sa fortune immobilière ; il faut se hâter de dégrever la propriété foncière de deux cent cinquante millions (1), et de porter cette somme à la charge des revenus mobiliers non imposés (2).

(1) Nous disons deux cent cinquante millions, prenant pour base le chiffre de quatre cent cinquante millions dénoncé par M. d'Audiffret comme représentant les charges directes de la propriété foncière. En matière de finance, tout le monde sait que l'autorité de M. d'Audiffret n'est pas contestable. M. d'Audiffret fixait ce chiffre de quatre cent cinquante millions il y a vingt-cinq ou trente ans. Nous avons cru pouvoir, en toute sécurité de conscience, l'augmenter de cinquante millions, représentant les charges nouvelles qui, sous toutes sortes de formes, sont venues aggraver la situation de la propriété.

(2) Dans la session dernière, M. Garnier-Pagès a demandé l'établissement de l'impôt sur le revenu. M. Thiers s'est fait fort de démontrer que cet impôt n'était pas praticable en France. Le talent de M. Thiers, qui est très-grand, n'est pas de force à faire cette démonstration.

Quant à M. Garnier-Pagès, il est le seul des hommes d'Etat français qui n'ait pas le droit de parler de l'impôt sur le revenu. Lorsqu'il était au pouvoir en 1848, il a pu l'établir : il ne l'a pas fait. Il trembla devant le rentier parisien, et trouva plus prudent d'écraser le cultivateur par les quarante-cinq centimes. Il n'a pas su faire son devoir d'homme d'Etat. Aujourd'hui qu'il est dans l'opposition, il demande au gouvernement de faire ce qu'il n'a pas eu le courage de faire quand il était ministre. C'est une taquinerie peu digne de lui. L'impôt sur le revenu opérant, dans la plupart des cas, par retenue, est plus facile à réaliser et beaucoup moins susceptible d'arbitraire que l'impôt foncier. On parle de réformer l'octroi. Que peut être la réforme de l'octroi sans la réforme de l'impôt? Un abus se substituant à un abus. Une réforme doit précéder l'autre.

# LA LOI DE 1861.



Nous venons de voir comment l'agriculture est traitée par l'impôt. Voyons comment elle est traitée par l'économie politique.

Tout a été dit sur la loi de 1861 ; nous en dirons peu de chose.

Lorsqu'une loi contestée dans son principe se fait sa place dans une législation à travers une opposition ardente, cette loi, comme une marchandise de provenance douteuse, reste longtemps soumise à la surveillance de l'opinion publique. Respectable dans les motifs qu'elle avoue, elle peut l'être moins dans les motifs qu'elle n'avoue pas ; et si cette loi a pour premier tort celui d'être d'importation étrangère, elle ouvre la question de savoir si une législation qui est dans les convenances et les intérêts d'un peuple est nécessairement dans les convenances et les intérêts d'un autre peuple.

La France, en 1861, venait de traverser plusieurs années où la récolte des céréales s'était trouvée insuffisante. Les hauts cours avaient renversé la barrière que l'échelle mobile opposait à l'introduction des grains. Nous vivions sous un régime de fait plus favorable que le libre échange, car les blés entraient en franchise dans nos ports et n'en pouvaient sortir ; cependant, les prix se maintenaient et semblaient devoir se maintenir longtemps encore ; il fallait prévenir le retour de ces temps difficiles ; comment faire, et quel parti prendre ? Deux voies s'ouvraient devant nous, tracées toutes les deux par l'Angleterre : l'une bonne, l'autre mauvaise ; nous avons choisi la mauvaise. Expliquons-nous.

Personne n'ignore que l'Angleterre, avant de proclamer la liberté du commerce, a vécu cent cinquante ans sous le régime de la protection la plus rigoureuse. Cette protection, égoïste si l'on veut, mais très-intelligente des intérêts nationaux, valut à sa marine et à son industrie de s'élever à une puissance inconnue en Europe. Le jour vint cependant où, étouffant sous l'excès de sa production industrielle, elle demanda à la liberté de lui continuer une prospérité que les lois prohibitives ne pouvaient plus lui assurer. La France, en bonne voisine, lui ouvrit ses ports.

Au milieu du progrès immense de l'industrie anglaise, que devenait son agriculture ? L'agriculture était traitée comme l'industrie, mieux encore s'il est possible.

Les hommes d'Etat de ce pays, au bon sens puissant, comprirent toujours que c'est la terre et ses produits qui font la richesse réelle d'une nation. La richesse d'une nation, comme celle d'un individu c'est son indépendance, c'est la faculté de vivre et de suffire à ses besoins sans le secours d'autrui. Fabriquer du fer, filer du coton, fabriquer et filer à outrance, est une entreprise grande sans doute, mais

qui porte avec elle son danger ; mais fabriquer du blé,
fabriquer de la viande, fabriquer sans mesure, là est
la sagesse ; car là est la vie à bon marché, la force,
la population, la sécurité des Etats.

Tout l'effort de la politique anglaise, au point de
vue économique, fut donc tourné vers le développe-
ment des forces du territoire.

« L'Angleterre, dit Jacques Laffitte, a cherché à se
» donner une base bien plus solide que celle que
» nous supposons à sa richesse : elle a commencé par
» mettre tout son sol en valeur. La surface qu'elle
» occupe est géographiquement bien inférieure à la
» nôtre ; mais ce n'est pas la surface géographique qui
» doit compter : c'est la surface utilisée. Sous ce rap-
» port, l'Angleterre est dix fois plus grande que la
» France. C'est donc dans son propre sein, en répan-
» dant le travail partout, que l'Angleterre a cherché
» sa fortune. Après cela, elle a pris son essor à l'ex-
» térieur (1). »

Ainsi, l'agriculture a toujours occupé le premier
rang dans la faveur et la protection du pouvoir.

Remontons à la fin du siècle dernier : que voyons-
nous ?

« L'Angleterre, engagée dans une lutte à mort con-
» tre la France, dit M. Rubichon, fut obligée, en
» 1793, de commencer des emprunts et d'accaparer
» des capitaux nécessaires à son agriculture. Mais que
» fit Pitt, qui sentit que là était sa ressource, sa seule
» ressource ? Il encouragea la fondation d'une multi-
» tude de banques sur tous les points des provinces,

(1) Jacques Laffitte. Brochure sur *la réduction de la rente*, 1824.

» et, en moins de trois ans, il s'en établit sept cents;
» il affranchit leurs billets du droit de timbre et les
» accepta en paiement des impôts.

» Les entreprises agricoles, telles colossales qu'on
» les fit, ne furent jamais obligées de reculer faute
» de capitaux, et encore ne coûtèrent-ils pas au delà
» de 4 p. 100.

» La banque d'Ecosse les établit à bien plus bas
» prix (1). »

Ce ne fut pas la seule gloire de ce ministre. Il y voulut ajouter l'honneur d'affranchir les terres de l'impôt direct qui pesait sur elle : il établit l'impôt égal et proportionnel sur tous les revenus quelconques des Anglais. La grandeur des résultats fut égale à la grandeur de ces réformes, et l'agriculture de l'Angleterre, soutenue par l'intelligence patriotique de de ses hommes d'Etat, est devenue ce que chacun sait : la force du pays et le modèle des autres.

Mais on ne peut l'impossible.

Malgré la protection dont était entourée la propriété terrienne, malgré l'habileté et le dévouement des cultivateurs, un fait plus fort que la volonté humaine troublait l'amour-propre et les intérêts nationaux. Ce fait, c'était l'impuissance constatée du sol à fournir la quantité de céréales nécessaire à l'alimentation du peuple. On luttait tous les ans contre un déficit normal qui ne descendait jamais au-dessous d'un minimum de 6 millions d'hectolitres. Dans les années de disette, et elles étaient fréquentes, les droits protec-

---

(1) *Du mécanisme de la société en France et en Angleterre*, par M. Rubichon, 1833. Lenormant, rue de Seine, 8.

teurs, beaucoup plus élevés qu'en France, portaient le blé à un prix exagéré ; il fallut aviser, et la libre entrée des céréales fut comprise dans la liberté générale du commerce.

C'est donc, ne l'oublions pas, l'impuissance tous les ans démontrée de suffire à la consommation intérieure, malgré les efforts d'une pratique savante ; c'est la force des choses, c'est la nécessité, qui renversèrent l'ancienne législation et obligèrent le gouvernement de céder à la pression de la ligue conduite par Cobden.

La question anglaise des céréales, la voilà. La question française était tout autre.

Nous n'avons pas besoin de dire que rien en France, dans aucun temps, n'a été fait de ce qui a été fait chez nos voisins en faveur de leur agriculture. Eh bien ! malgré cette sorte de mauvais vouloir des gouvernements à son endroit et malgré son infériorité relative, l'agriculture française ne permettait pas que les besoins du pays restassent en souffrance. Nous n'avions pas à lutter contre une insuffisance annuelle et inévitable de céréales ; nous n'avions donc pas à nous préoccuper des procédés de la législation anglaise. Mais alors même que le déficit eût été normal chez nous au lieu d'être éventuel, il existait un moyen d'y parer autre que de confier à l'étranger le soin de ne pas laisser la France mourir de faim. Le moyen nous était indiqué par des exemples fameux : il consistait à élever notre revenu agricole à la hauteur du revenu agricole de nos voisins. Rien n'était plus facile.

Ouvrons la statistique : qu'y voyons-nous ? Sur 14 millions d'hectares, l'Angleterre récolte 38 millions d'hectolitres de blé. La France, sur 42 millions d'hectares, n'en sait produire que 90 millions d'hecto-litres. C'est un déficit proportionnel de 24 millions porté à la charge de notre incapacité. La différence dans la production animale est plus grande encore : elle est de moitié. Or, si l'on tient compte de l'inéga-lité du climat et du sol, si l'on recherche par la pen-sée, d'après les résultats obtenus par eux dans des conditions relativement médiocres, les résultats qu'ob-tiendraient les Anglais s'ils étaient en possession du territoire et du soleil de la France, on peut affirmer qu'ils fussent arrivés à un excès de production tel, que tout homme d'Etat eût repoussé comme une tra-hison, et comme une trahison stupide, la proposition de frapper par des lois meurtrières la plus belle in-dustrie de son pays.

Nous n'avons pas eu ce bonheur ; et pendant que l'agriculture anglaise a grandi sous la protection et les encouragements de tout genre qui lui furent pro-digués, la nôtre, faible et chétive, est livrée à une concurrence sans compensation, dont le résultat cer-tain doit être de la décourager et de l'affaiblir encore. Ah ! puisque le génie de l'économie politique ne sait pas s'élever au-dessus de l'imitation servile, son de-voir semblait être de bien choisir son modèle. Avant d'imiter contre toute raison l'Angleterre de 1816, il fallait imiter l'Angleterre de 1793 et de 1803. La France, comme pays agricole, est au point où Pitt trouva son pays, désarmée et sans force. Ce fut notre tort d'oublier que si Robert Peel fut un grand homme, c'est qu'il sut choisir l'heure et le jour de ses réfor-mes. Mais Pitt ne fut pas moins grand ; car en appuyant la puissance industrielle de son pays sur la puissance de son agriculture , il prépara la grandeur de l'Angleterre du dix-neuvième siècle.

C'est lui qui devait être notre modèle et notre inspirateur ; il créa l'égalité de l'impôt. Nous avons vu ce qu'est l'impôt en France : écrasant pour la propriété, inégal , et injurieux parce qu'il est inégal.

Il créa le crédit agricole ; nous verrons tout à l'heure que ce crédit n'existe pas chez nous.

---

L'erreur de la loi de 1861 n'est donc pas d'avoir voulu le blé à bon marché : son erreur est de n'avoir pas compris que le but qu'elle voulait atteindre , le bon marché par l'abondance , elle devait l'atteindre par l'abondance de la production indigène ; c'eût été plus habile, plus national, plus sûr, nous le répétons, et très-facile ; il fallait bien traiter l'agriculture au lieu de la maltraiter. Par cette fausse vue , cette loi a compromis l'avenir du pays, croyant l'assurer, et voici comment.

Nous avons dit tout à l'heure que , malgré les procédés de culture les plus perfectionnés, l'Angleterre ne pouvait suffire à sa consommation. Quel a été l'effet de la réforme ? Son premier effet a été de diminuer la production, et le pays est forcé de demander à l'étranger trois fois plus de blé qu'il n'en demandait il y a vingt ans. Nous devons conclure qu'un déficit, proportionnel à celui qui s'est produit de l'autre côté du détroit, se produira chez nous. On dit bien , je le sais , au cultivateur français : Cultivez mieux, faites plus de prairies, élevez du bétail, vous aurez plus de blé ; mais cette banalité, les cultivateurs anglais, qui sont nos maîtres, la connaissent. Qu'ont-ils fait cependant ? Ils ont signifié qu'ils n'entendaient pas travailler à perte, se ruiner pour assurer les loisirs du cokney de la cité de Londres, et ils ont fait dire au paysan du Danube de fournir à la noble Angleterre les 20 millions d'hectolitres de blé qu'ils refusaient de produire ; que font-ils au lieu de blé ? Je l'ignore. Que ferons-nous ? Je l'ignore encore. Ce que je sais, c'est que, par un motif égal, la France va se trouver, dans un temps prochain, tributaire de l'étranger plus qu'elle ne l'a jamais été. Aurait-elle jamais dû l'être ?

Ainsi, les hommes d'esprit se trompent en prétendant que sous le coup de fouet qu'il reçoit, l'agriculteur français marchera mieux et plus vite. L'agriculteur anglais, lui aussi, a reçu son coup de fouet : il a répondu en restreignant ses semences.

L'avenir s'ouvre donc devant nous avec plus de mauvaises chances que de bonnes pour la sécurité de l'Occident. Nous décourageons l'agriculture, et nous chargeons les barbares de nous servir notre provision de blé. Nous oublions que quatre millions de soldats armés ne demandent qu'à s'ébranler et attendent l'heure et le signal des grandes guerres. Choisir un pareil moment pour porter le trouble dans les intérêts qui assurent la vie matérielle des peuples, est une imprudence qui n'a sa raison d'être que dans la naïve préoccupation des systèmes, ou dans des motifs qui ne se peuvent discuter parce qu'ils ne s'avouent pas.

Mais si le pays ne doit pas profiter du régime qui lui est fait par la loi de 1861, qui donc peut y trouver son compte, en admettant que l'avilissement du prix du blé soit acquis d'une manière permanente?

Ce n'est pas le peuple : le peuple, plus intelligent que les politiques, n'admet pas que son bien-être dépende de la misère générale. Le peuple est le premier à dire que le blé à 16 fr. est trop peu payé.

Nous ne voyons que trois intérêts qui soient pleinement satisfaits, et qui doivent se féliciter de la condition ruineuse faite à l'agriculture. Ce sont les intérêts

De la bourse,

De la caisse de la boulangerie,

Des boulangers.

La bourse, amie de la paix, tremble devant toute cause d'agitation. Le bruit de la rue l'importune, une mauvaise récolte l'inquiète. La spéculation redoute tout ce qui peut déranger ses coups. Le pain à 15 c. le kilo lui vaut mieux que le pain à 30 c. La France, dans une grosse part de sa fortune, et Paris, dans sa fortune tout entière, vit de la bourse et à la bourse. Devant ces intérêts ombrageux et puissants tout autre intérêt doit fléchir.

Tout le monde connaît la caisse de la boulangerie, instituée pour assurer aux Parisiens le pain à un bas prix constant; en 1856, ce peuple privilégié payait 25 c. le pain que le Français des provinces payait 60 c. A ce jeu périlleux, les avances de la caisse aux boulangers s'élevèrent, dans cinq ans, à la somme de 61 millions. Le blé à 16 fr. supprime ce service difficile.

Mais les plus triomphants sont les boulangers.

M. Haussmann, préfet de la Seine, fit beaucoup parler de lui en livrant à la publicité le profit de 9 millions que les boulangers de Paris avaient réalisé dans l'année, profit qui n'eût pas été possible sous le régime de la taxe. La taxe n'existant pas, on comprend, en effet, que le prix avili du blé leur permette d'écorcher le peuple sans trop le faire crier. Mais le moindre bourgeois de petite ville en savait là-dessus autant que le préfet de la Seine, et, en payant son pain, se rendait un compte très-exact de ce que lui coûtait l'honneur de vivre sous la législation moderne. Or, depuis trois ans, la boulangerie vend son pain sur un prix moyen supérieur de 3 fr. par hectolitre à la cote des mercuriales. Si l'on admet une fabrication de 60 millions d'hectolitres, c'est une somme de 180 millions par an qui passe dans le comptoir des boulangers, et qui fût entrée plus utilement dans la poche du producteur ou restée dans celle du public, avant la combinaison scientifique de la libre entrée des grains et de la suppression de la taxe.

---

Concluons.

Les conditions dans lesquelles la loi de 1861 a été rendue ayant été mauvaises, les résultats en sont détestables.

Le libre échange c'est la guerre : à la guerre, la victoire appartient aux forts. Faites lutter une armée mal nourrie, mal équipée, mal commandée contre une armée puissante par le nombre et par des ressources inépuisables : cette armée doit être vaincue.

Tel sera le sort de l'agriculture française ; le poids de l'impôt, de la main-d'œuvre, du crédit, le poids de la rente foncière, tout l'écrase. Que voulez-vous qu'elle devienne contre l'agriculture des pays producteurs, libres de toutes ces charges ? L'envoyer au combat dans ces conditions d'infériorité, c'est la livrer, c'est la trahir. Les armes ne sont pas égales ; jusqu'au jour où l'Etat l'aura mise en possession des avantages qui font la force des étrangers, il lui doit, non-seulement à elle-même, mais à l'intérêt public, de la protéger. La protection sera l'armure de sa faiblesse.

Un droit de 4 fr. par 100 kil. est nécessaire. Un droit moindre, est une illusion.

Voyons la suite.

# LA LOI DE 1807.

## Le crédit.

Nous touchons au couronnement de l'édifice.

Etant donnée la propriété immobilière, épuisée par l'impôt, accablée par une dette hypothécaire de 12 milliards, en lutte contre des lois économiques hostiles, trouver le moyen de consommer sa ruine.

Le moyen est trouvé par la science et recommandé par elle à l'attention du gouvernement : c'est la liberté de l'intérêt.

Qu'est-ce que la liberté de l'intérêt?

M. Proudhon va nous l'apprendre.

« Je ne conçois pas, dit-il, que des esprits sérieux,
» se disant économistes, des écrivains qui ne cessent
» de dire que l'Etat est le gardien des intérêts géné-
» raux, je ne conçois pas, dis-je, que de pareils hom-
» mes, sous prétexte de liberté, interdisent à l'Etat
» de s'occuper de crédit public, des conditions de
» l'escompte et du taux de l'argent. Ces rigoristes de
» la liberté m'ont toujours paru la confondre avec
» l'arbitraire, non plus, il est vrai, avec l'arbitraire
» gouvernemental, mais avec l'arbitraire mercantile
» et industriel, qui certes ne vaut pas mieux.

» Nous, pour qui l'arbitraire économique est syno-

» nyme d'abus de la propriété , d'exploitation de
» l'homme par l'homme , d'usure, d'agiotage, de
» sacrifice des intérêts généraux, nous devons soute-
» nir, etc. (1). »

La liberté des rigoristes que dénonce Proudhon,
c'est donc l'arbitraire , et leur arbitraire, c'est l'exploitation de l'homme par l'homme, c'est l'usure.

Rien n'est plus vrai : l'histoire et la conscience
universelle justifient la sagesse de ces paroles.

L'usure est un acte de haine : l'Eglise catholique
l'interdit. Moïse la défendait aux Hébreux, c'est-à-dire
entre frères ; il la permettait contre l'étranger : l'étranger, c'était l'ennemi.

Caton définissait l'usure un assassinat. *Quid fene-
rari ?* lui demandait-on ; il répondait : *Quid occidere.*

Les jurisconsultes nous apprennent que le brigan-
dage de l'usure a perdu Rome. Le patriciat romain
écrasait le peuple sous le poids de l'escompte libre ,
et quand ce même peuple , à la voix des Gracques,
se retirait sur le mont Aventin , que faisait-il ? Il pro-
testait contre la liberté de l'intérêt.

D'autres viennent et font observer que les nations
modernes chez lesquelles le taux du loyer de l'argent
est illimité , sont ravagées par la banqueroute ; les
affaires y sont une aventure , et la banqueroute le
châtiment des capitaux cupides qui sacrifient leur sécurité au gros revenu.

Enfin, les hommes dont la vue ne s'étend ni si
haut ni si loin, voient au seuil du siècle la grande
figure de Napoléon Ier enflammée contre les marchands

---

(1) Proudhon, *Théorie de l'impôt.*

d'argent, et la loi de 1807 accueillie comme l'un des bienfaits les plus féconds du premier Empire.

Or, il y avait dans ce temps-là, comme aujourd'hui, une classe d'industriels faisant des crises et proclamant que l'argent était rare. On trouvera, dans les *Mémoires* du comte Rœderer, le tableau de l'état où le commerce et l'agriculture avaient été réduits sous la main des escompteurs de cette époque ; et lorsque, dans la session dernière, M. Jules Favre, avocat des grands seigneurs de la finance, demandait la liberté du taux de l'argent, M. Rouher, quoique très-sympathique à cette liberté, dut répondre :

« Lorsque la loi fut proposée au conseil d'Etat de » 1807, elle fut dictée par les circonstances dans les- » quelles le pays se trouvait à cette époque. On était » préoccupé des scandales que l'usure produisait. Le » taux de l'argent atteignait 10, 12, 15 p. 100. Le lé- » gislateur se crut assez fort pour dominer cette situa- » tion par une loi. Cette loi fut votée à l'unanimité : » elle produisit de bons résultats. » (*Moniteur*, jan- vier 1864.)

L'effet de la loi de 1807 ne se fit pas longtemps attendre. De 6 p. 100, taux de la banque en 1806, l'escompte descendit rapidement à 5 ; et après quel- ques variations entre 5 et 4, il est resté pendant qua- rante ans comme fixé à 4 p. 100.

Voilà une première période pendant laquelle l'éta- blissement national du crédit a fait jouir le commerce et l'industrie d'un taux d'escompte inférieur de 2 p. 100 au taux maximum autorisé par la loi.

Ces beaux jours ne devaient pas durer.

On n'a pas oublié la fièvre de spéculation qui s'em-

para de la France en 1854. La France devint une immense maison de jeu. La banque, emportée par le
mouvement, voulut, elle aussi, s'asseoir au banquet
de ce que l'on est convenu d'appeler la richesse publique. Mais en personne bien avisée qui ne court
pas les aventures, elle demanda à la surélévation de
l'escompte l'accroissement de ses bénéfices : le taux
de 5 et 6 reparut jusqu'en 1857, où, ayant obtenu
la suspension en sa faveur de la loi de 1807, elle ne
craignit pas de faire renaître le taux de 8 et 10 p. 100
et de restaurer les détestables habitudes que Napoléon Iᵉʳ avait détruites par cette loi.

Voilà quelle a été la situation, pendant soixante
ans, du commerce et de l'industrie vis-à-vis du crédit public. Voyons quelle a été la situation de l'agriculture.

Ici, comme dans la question de l'impôt, nous nous
heurtons tout d'abord contre une humiliation, et nous
voyons la France chargée, par les immortels principes de 89, de prendre l'initiative de tout progrès,
non-seulement se laisser devancer par des nations
voisines dans la voie féconde du crédit territorial,
mais se montrer incapable de suivre les exemples qui
lui sont donnés.

Nous avons dit tout à l'heure ce que fit Pitt pour le
crédit en 1793.

Tout le monde connaît les merveilles opérées en
Ecosse depuis un siècle par les institutions foncières,
lesquelles, se développant d'année en année, étaient
arrivées, en 1823, à ce résultat magnifique de dis-
tribuer le crédit à très-bon marché, à une population
de trois millions d'habitants, par quarante-trois ban-

ques et deux cent quatre-vingt-dix succursales. Sol et climat ingrats, toutes les conditions réfractaires à la prospérité d'un peuple ont été vaincues, et une nation condamnée à la misère est devenue, par sa richesse manufacturière et agricole, le modèle et l'envie des nations les plus favorisées.

L'Allemagne a inauguré depuis cent ans, chez elle, les institutions de cette nature ; le nombre s'en accroît tous les jours.

Qu'avons-nous fait, en France, pour atteindre, même de loin, la grandeur des résultats que ces peuples étrangers doivent à l'initiative intelligente et aux encouragements de leurs gouvernements ?

Qu'avons-nous fait ? Nous avons envoyé en Allemagne des savants pour étudier la question. Que nous est-il revenu de ces explorations scientifiques ? Des rapports.

Nous disons des rapports et rien que des rapports ; car le crédit foncier français, et moins encore le crédit agricole, ne peuvent être comptés comme institutions sérieusement profitables à l'agriculture.

Tous ceux qui ont étudié les comptes rendus du crédit foncier savent que les prêts faits par lui à la propriété rurale sont très-rigoureux, très-chers, et par conséquent très-rares ; et que, détournée de son véritable but, cette institution, fondée pour servir l'agriculture, est devenue, précisément parce qu'elle ne remplissait pas sa fonction, une institution de crédit à l'usage des spéculateurs de terrain à Paris, des entrepreneurs des bâtiments, des communes : banque de dépôt et d'escompte cherchant sa fortune et la trouvant dans toutes sortes d'opérations étrangères à son origine. Cela est si vrai, que le crédit foncier, comprenant avec le public que les intérêts fonciers étaient la dernière de ses préoccupations, voulut un jour avoir l'air de s'en occuper et créa, dans son hôtel, une division spéciale intitulée crédit agricole.

Cet établissement nouveau devait ouvrir ses crédits à l'agriculture et aux industries qui s'y rattachent; or, comme toutes les industries se rattachent à l'agriculture, en ce sens que la matière de toutes les industries vient de la terre, il arrive que le crédit agricole est en comptes avec toutes les industries, excepté avec l'industrie agricole; ses clients sont les bouchers, les peaussiers, les marchands de vins, sans doute aussi les tailleurs et les marchands de nouveautés, dont le commerce se rattache à la terre par la laine et la soie; banque vulgaire d'escompte et de spéculation, elle reçoit et exécute les ordres de bourse et n'a de rapports avec l'agriculture que par son nom qu'elle a pris pour enseigne.

D'où il résulte que si le crédit foncier est une institution avortée, le crédit agricole est une mauvaise plaisanterie.

---

Eh bien ! c'est dans cet état de choses qui n'a pu détruire ni l'usure, ni le prêt hypothécaire avec ses frais, ni le 5 p. 100 légal, si l'on veut, mais usuraire, puisqu'il est oppressif d'une industrie dont le revenu notoire est de 3 p. 100; c'est dans cet état de choses qu'il est question de rapporter la loi de 1807.

Nous n'étonnerons personne en rappelant la stupéfaction avec laquelle fut accueillie la nouvelle que cette loi était menacée. Un effort que rien ne lassait poussait depuis longtemps le gouvernement, on le savait, à l'abolition de cette loi déjà suspendue en faveur de la banque. Mais la conscience publique se refusait à comprendre comment la restauration légale de l'usure, chère à l'agiotage et aux manieurs d'argent, pouvait entrer dans les convenances d'un pouvoir chargé de protéger le public contre les entreprises de dangereuses ambitions.

Nous disons qu'il s'agit de rendre l'usure légale ; car nous ne tenons pas compte de la détestable facétie à l'usage des simples, qui consiste à dire que la liberté par la concurrence fera baisser le prix de l'argent. Ces choses, qui se lisent dans des documents officiels, ne sont pas sérieuses, et ne se discutent pas sérieusement.

Essayons cependant d'en parler et de toucher cette question de la liberté économique.

Le mot de *liberté* est grand : mais comme la chose est plus grande encore, pour estimer le mot, il importe de savoir à quelle chose il s'applique. Or, tant que la distinction du bien et du mal existera sur terre, la liberté du bien et la liberté du mal seront deux libertés parfaitement distinctes.

La science économique, dont les principes sont absolus, et qui fait volontiers abstraction de la morale, ne s'occupe pas de rechercher cette distinction. Sa préoccupation souveraine, c'est l'utile ; mais, de ce côté même, elle ne donne que des règles très-incertaines de détermination : il faut les demander à l'expérience ; consultons l'expérience.

La boulangerie était réglementée ; un taux variable, suivant le prix du blé, fixait le prix du pain. L'intérêt public était satisfait en même temps que l'intérêt privé. La profession de boulanger était lucrative, la concurrence très-possible, et il n'était pas rare de voir des boulangers débiter leur pain au-dessous du tarif. Le service de l'alimentation publique était assuré. On demande quel est le but de la réforme introduite au nom de la liberté, quel en est le sens, la raison d'être ? On ne peut le dire. La seule chose qui se puisse affirmer, c'est le résultat, qui est le sacrifice de l'intérêt public à l'intérêt privé. L'esprit des lois est d'opérer en sens contraire.

Si le pain est la vie de l'homme, le crédit est le pain du travail et de l'industrie.

Quel a été le service du crédit sous le régime de la loi de 1807 ? Nous parlons du crédit en banque. Constatons deux faits :

Le premier, c'est la richesse de l'établissement escompteur ; de toutes les valeurs mobilières, les actions de la banque de France ont toujours passé pour les plus solides et les plus fructueuses.

Le second fait, c'est que le commerce, qui a long-temps enrichi la banque au taux d'escompte de 4 p. 100, commençait à se plaindre et à trouver cette fixité onéreuse.

Qu'y a-t-il de changé ? Quelle est la raison d'ordre et d'intérêt public qui peut faire réclamer la liberté de l'intérêt ? Tout capitaliste, tout banquier français, allemand ou israélite, la banque de France elle-même a le droit de pratiquer la concurrence et de prêter son argent à 3, à 2, à 1 p. 100, jusqu'à 0 inclusivement ;

ce n'est donc pas la liberté des bas prix que l'on ré-
clame ; cette liberté, on la possède : on veut la liberté
des hauts cours (1).

Passons donc sur cette fantasmagorie du bon marché par la concurrence, et partons de ce fait qu'il
existe une triple alliance de financiers, d'économistes
et de certains hommes politiques organisée pour élever le loyer des capitaux ; il s'agit tout simplement
de ramener, dans l'intérêt exclusif des coffres-forts
de quelques-uns et contre l'intérêt de tout le monde,
il s'agit de ramener la société française à ces temps
désastreux signalés par M. Rouher, en vertu des principes d'une science équivoque et des aspirations de la
civilisation moderne.

Or, la science véritable et la civilisation réclament
exactement le contraire de ce qu'on leur fait dire.

Si l'on consulte la masse d'ouvrages écrits sur les
banques, la circulation et le crédit, on signale chez
tous leurs auteurs, maîtres et écoliers, une opinion
unanime : c'est que tout l'effort de la science doit
tendre et aboutir à débiter le crédit au meilleur marché possible.

Il semble donc qu'une loi, qui est un obstacle à la
cherté relative, une loi sous laquelle (nous ne par-

---

(1) Certains prétendent que les gouvernements qui entrent dans la
voie de la réglementation doivent tout réglementer, le beurre et les
petits pois, comme le pain et le crédit. La conséquence n'est pas de
rigueur. On fait ce qu'on peut dans l'utile et dans le possible, et l'on
se dit que, s'il y a inconvénient à réglementer certaines choses, il y en
aurait plus encore à ne pas le faire. De deux maux on choisit le
moindre.

lons pas de l'agriculture) le commerce et l'industrie ont pu vivre sans trop gémir pendant cinquante ans, il semble que cette loi devrait être protégée par les savants comme une sauvegarde de leurs principes et des intérêts publics; ils font le contraire : ils la combattent.

Ce n'est pas tout : depuis un demi siècle, le numéraire s'est accru dans des proportions énormes : il se fait tous les ans une récolte en métaux précieux comme de tous les autres produits de la terre; mais, à la différence des autres produits, du blé, par exemple, qui se consomme, de l'éther qui se volatilise, l'or et l'argent ne se volatilisent ni ne se consomment : la récolte de chaque année s'ajoute à la récolte de l'année précédente, et l'on ne s'étonnera pas que le tableau des douanes constate, de l'année 1827 à 1865, une importation pour la France, l'exportation déduite, de 4 milliards 474 millions.

Si, à cette accumulation de métaux précieux, on ajoute l'accumulation produite par l'épargne annuelle évaluée à un milliard; si l'on tient compte de l'état du crédit moins développé en France que dans d'autres pays, mais certainement beaucoup plus développé qu'il ne l'était au commencement du siècle, on se demande comment la loi de l'abondance, mère du bon marché, invoquée bruyamment pour abaisser le prix du blé, se trouve méconnue lorsqu'il s'agit du prix de l'argent, et méconnue à ce point qu'on la tourne dans un sens directement contraire : dans le sens de l'élévation du prix.

Prenons un exemple qui nous donnera et la mesure de cette abondance, et la mesure des procédés à l'aide desquels on jette dans le public des illusions et des troubles dont il est victime.

La banque de France, on ne l'a pas oublié, ouvrit, au mois d'octobre 1864, sous prétexte de crise monétaire, une campagne de hausse de l'escompte, et de hausse de son dividende. Cette campagne lui réussit comme toujours : plus elle élevait son escompte, plus les demandes augmentaient; l'encaisse descendu un moment à 250 millions remontait, six semaines après, à 355. Où était, s'il vous plaît, la rareté du numéraire? Ces millions, qui disparaissent pour reparaître d'un mois à l'autre, comme à la voix d'un enchanteur, vous font-ils bien l'effet d'exprimer une situation difficile et la nécessité de proclamer des crises ? N'est-il pas permis de voir, dans cet exercice, un jeu dont l'habileté est mal dissimulée ? Aujourd'hui, l'encaisse est de 500 millions ; toutes les caisses de dépôt regorgent. Disons donc que l'abondance est le fait normal et que la rareté, dans l'état actuel, ne sera jamais que factice et l'effet de l'une de ces trois causes : ou de la peur qui le dérobe, ou de manœuvres coupables (1), ou des exigences du change, toujours temporaires et sensibles seulement dans les régions de la haute banque : voilà la vérité. Conclure, de ces accidents passagers, réels ou factices, à l'élévation de l'intérêt, et ne pas tenir

(1) Vers la fin de l'an passé, à un jour donné, toutes les caisses d'agents de change et de notaires se déclarèrent vides. Tout le numéraire de France, disait-on, venait de partir pour le Mexique. Trois semaines après, il était revenu.

Cette opération avait lieu pendant l'enquête ouverte devant le conseil d'Etat sur la loi de 1807.

compte de l'accroissement immense de la richesse monétaire qui impose l'abaissement du loyer des capitaux, c'est se jouer du bon sens et se jouer du public.

———

La condition faite à la science était donc, nous le répétons, merveilleuse ; les faits venaient à l'appui de la théorie. Que voyons-nous cependant ? Nous assistons à ce curieux spectacle d'une science qui établit compendieusement la nécessité et la convenance du bas prix de l'argent, et qui, par la liberté de l'intérêt, conclut à sa cherté.

Mais, nous disent les économistes, nous pensons comme vous : l'argent est abondant, il doit être à bon marché, c'est notre avis comme le vôtre ; cependant, ajoutent-ils, il sera cher, il doit être cher, si MM. les banquiers viennent nous assurer qu'il est rare.

C'est le raisonnement connu d'un certain jésuite très-accommodant sur le pour et le contre ; il était consulté au sujet d'un cas difficile, et après avoir longuement réfléchi : Je crois, dit-il à son scrupuleux, je crois, en effet, que vous avez raison, et votre opinion me paraît probable ; mais, reprit-il bientôt, le contraire est probable aussi.

Or, si la conscience du casuiste est perplexe, la conscience de l'économiste ne l'est pas. Ce qu'il pense, il le sait ; ce qu'il veut, il le sait encore, s'il ne le dit. Par la loi de 1861, il a voulu diminuer le revenu du propriétaire foncier en avilissant le prix du blé ; en poursuivant l'abolition de la loi de 1807, il veut augmenter le revenu du capitaliste en élevant, sans autre mesure que le caprice, le prix du capital. Posé en ces termes, et ils sont vrais, le but de l'entreprise est transparent ; il consiste à ruiner législativement la moitié de la nation pour enrichir l'autre moitié.

La coïncidence de ces deux faits, la loi sur les céréales et la campagne ouverte contre la loi de 1807, cette coïncidence révélatrice de tout un système n'a pas été assez remarquée : il est facile à chacun d'en trouver les motifs et d'en tirer les conséquences.

Notons cependant une différence, c'est que si le grand air de la liberté a pu réussir à faire passer la loi sur la libre entrée des grains, le même grand air joué avec le même accompagnement de trombone et de grosse caisse n'a pas encor réussi à décider le gouvernement à proposer au corps législatif de rapporter la loi fameuse, objet de tant de haines.

---

Heureusement qu'à toutes les époques d'honnêteté publique nous rencontrons la politique en garde contre les théories frauduleuses que nous combattons.

Ainsi Turgot, l'un des fondateurs de l'économie politique, avait écrit en faveur de la liberté et contre les lois restrictives du taux de l'intérêt. Mais lorsqu'il créa, en 1776, sa caisse d'escompte, l'homme d'Etat rompit avec l'écrivain. Sa haute raison lui dévoila la perfidie cachée au fond de ses phrases les plus belles; il fixa l'intérêt de sa caisse à 4 p. 100.

Napoléon I<sup>er</sup>, lui, l'inspirateur de la loi de 1807, a dans plus d'une circonstance exprimé son opinion dans cette grave matière.

Dès 1806, il écrivait de Berlin à son ministre du

trésor : « Vous devez dire au gouverneur de la banque
» de France que, dans les circonstances actuelles, il
» est scandaleux d'escompter à 6 p. 100. »

En 1810, il écrivait à M. Mollien : « Ce que vous
» devez dire au gouverneur de la banque et aux ré-
» gents, c'est qu'ils doivent écrire en lettres d'or, dans
» le lieu de leurs assemblées, ces mots : Quel est le
» but de la banque de France ? Escompter les crédits
» de toutes les maisons de commerce à 4 p. 100. »

Et là-dessus M. Pereire fait cette observation très-
juste : « Quand Turgot fondait, en 1776, sa caisse d'es-
» compte et lui imposait un maximum de 4 p. 100,
» il ne comptait pas plus enchaîner la postérité à ce
» taux d'intérêt que Napoléon Ier. Si, en 1776 et 1810,
» le taux de l'escompte pour les établissements de
» crédit paraissait être à son prix naturel sur le pied
» de 4 p. 100, il n'y a rien de bien téméraire à penser
» qu'on puisse de nos jours le réduire sans inconvé-
» nient à 3 p. 100... Nous considérons ce taux de
» 4 p. 100, longtemps expérimenté, comme un taux
» maximum, mais nullement comme le dernier terme
» de la réduction de l'intérêt : il ne peut manquer,
» selon nous, d'être successivement abaissé (1). »

En 1824, M. de Villèle voulut rétablir l'équilibre
entre la propriété foncière et le capital de placement;
il proposa sa loi sur la conversion de la rente qui
devait entraîner la réduction de l'intérêt : c'était d'un
même coup réduire l'impôt ; c'était enlever aux fonds
publics une partie de l'attrait que présente la perspec-

_______

(1) *Principes de la constitution des Banques et de l'organisation
du Crédit,* par M. Isaac Pereire. Guillaumin, éditeur.

tive de revenus garantis de risques et de redevances ; c'était par conséquent reporter vers l'industrie des capitaux endormis dans le lit doré du grand-livre. En proposant cette loi, M. de Villèle donnait la mesure de son génie politique ; il venait au secours du travail, et développait la production nationale en même temps qu'il entamait les priviléges de la rente.

« L'avantage de la mesure qui vous est proposée,
» disait-il, ne se bornera pas à la réduction de la
» dette publique : elle fournira à l'agriculture le moyen
» de produire à meilleur marché. Un des éléments qui
» manquent à la France pour l'écoulement de ses pro-
» duits, c'est le bas prix des capitaux. L'intelligence
» ne manque pas plus qu'ailleurs à nos producteurs
» de toute espèce ; ce qui manque, ce sont les capi-
» taux, parce que quand on est obligé de produire,
» soit dans l'agriculture, soit dans le commerce, soit
» dans l'industrie, et qu'on veut trouver le débit de
» ses produits, il faut pouvoir donner à bon marché,
» et qu'un des éléments du bon marché, c'est la ré-
» duction des choses qui constituent la valeur réelle,
» le cours des produits. »(*Moniteur* du 28 avril 1824 (1).

(1) L'habile financier ne se faisait pas illusion sur le côté vulnéra-ble de notre constitution économique. Le bas prix des capitaux, voilà ce qu'il veut amener par degrés, en prenant, au nom de l'Etat, une initiative qui devait abaisser partout, inévitablement, le taux de l'in-térêt.

« La cohue des financiers et des hommes du grand-livre fit un tel
» bruit, nous nous en souvenons, elle poussa de telles clameurs que
» l'homme du sol dut se résigner à rester, comme auparavant, le *fer-*
» *mier* de la rente. Depuis lors, plus il ne fut question de départager
» équitablement le sol et le grand-livre, la propriété, le travail.

Toute l'économie politique est dans ces simples mots du ministre de la Restauration, homme de bien aussi grand qu'il fut grand homme d'Etat, rare assemblage qui valut à sa politique l'honneur d'être qualifiée de déplorable par l'égoïsme fanatique de ses ennemis.

Combattu par l'opposition libérale et vaincu par le bourgeois de la rue Saint-Denis, M. de Villèle compta parmi ses défenseurs Jacques Laffitte. Ce banquier célèbre, voué aux intérêts populaires, comprenait comme le ministre l'influence considérable que la loi proposée devait exercer sur la prospérité générale; pour la soutenir, il monta à la tribune, et dans une brochure qu'il publia à cette occasion, nous lisons ces lignes :

« Je suis profondément persuadé que l'un des plus
» grands progrès à procurer à un pays, c'est de ré-
» duire le taux de l'intérêt. Sans doute, il diminue
» bien de lui-même; mais il faut des déclarations
» précises, solennelles pour entraîner sa réduction là où
» elle est arriérée; et le gouvernement, qui est le plus
» grand consommateur des capitaux, annonçant qu'il
» réduisait leur prix, entraînait cette réduction par sa
» puissante concurrence. Son exemple était irrésistible
» et devait accélérer le mouvement qui nous entraîne
» vers la prospérité, la civilisation et le genre de
» liberté promis désormais à tous les peuples. »

Le bas prix de l'argent, tel est donc la loi de la politique, de l'économie politique; car il est la condition de la production, de l'abondance de la vie à bon marché. Le bas prix de l'argent, c'est l'avenir.

» cole et l'oisiveté opulente des créanciers de l'Etat. » (Paul Coq, *Le sol et la haute banque.*)

Si donc Turgot a raison (1),

Si Napoléon I$^{er}$ a raison,

Si Joseph de Villèle a raison,

Si Jacques Laffitte a raison,

Si Isaac Pereire a raison,

Si le progrès civilisateur est le progrès vers l'abaissement du loyer des capitaux, en demandant la liberté de l'intérêt qui en est l'élévation, nous tournons très-positivement le dos au progrès et à la civilisation.

Au lieu « des déclarations précises, solennelles, » que faisaient le premier Empire et la Restauration, et que tout gouvernement doit faire, suivant Jacques Laffitte, pour « entraîner la réduction de l'intérêt là où elle est arriérée, » nous faisons des déclarations en sens contraire.

La banque de France, nous l'avons vu, a eu l'audace de demander, en 1857, et l'audace plus grande encore d'obtenir d'être affranchie de la loi de 1807, et le conseil d'Etat étudie la question de savoir s'il ne conviendrait pas de faire entrer dans les habitudes civiles la surélévation facultative de l'intérêt conquise par la banque.

Nous croyons inutile de signaler le danger qui se cache au fond du système réactionnaire qui cherche à prévaloir. Ce système est plein de périls pour ceux d'abord qui semblent devoir en être les victimes pro-

---

(1) Nous mettons Turgot au rang des opposants à la liberté de l'intérêt. Il a parlé pour, il est vrai, mais il a agi contre ; car, ainsi que nous l'avons dit, il fixa l'intérêt dans l'institution de crédit qu'il fonda.

Un homme est jugé par ses actes plus sûrement que par ses paroles.

chaines. Mais les périls ne sont pas moins grands pour ceux qui se préparent à en recueillir les fruits. L'usure, de quelque honnête nom qu'elle se pare, c'est l'abus de la force, provoquant et justifiant d'avance les représailles de la force; et rien, dans un temps d'égalité jalouse comme celui où nous vivons, rien n'est mieux pour compromettre la sécurité de l'avenir que l'insatiable cupidité qui s'abrite sous le couvert d'une science menteuse et d'un libéralisme plus menteur encore. Cette sécurité est-elle donc si grande qu'il soit déraisonnable d'admettre que les empiriques puissent avoir leur jour, et dans ce jour traiter par des remèdes héroïques un mal que la prudence aurait pu guérir?

---

Mais écartons les empiriques et leurs façons d'agir, et voyons s'il ne serait pas facile, autant qu'il est urgent, de donner satisfaction aux intérêts alarmés depuis quelques années par les procédés violents des amateurs de l'escompte libre.

Lorsque, il y a six ans, les droits protecteurs furent supprimés, l'engagement fut pris de venir au secours de l'industrie par le crédit rendu plus facile.

Cette promesse n'a pas été tenue : rien n'a été changé aux conditions du crédit, qui deviennent tous les jours et tendent à devenir plus onéreuses.

Une réforme est nécessaire.

La banque de France, par son ambition, a porté le trouble dans les affaires; c'est par elle que cette réforme doit commencer. Depuis que la loi de 1807 n'est plus loi pour ce grand établissement, toutes les pas-

sions cupides fermentent, et demandent, elles aussi,
à n'avoir plus de loi. La réparation de ce désordre sera
donc la restauration de la loi, et le rappel de la banque aux statuts de l'an XII, qui sont sa charte, la charte
de ses droits et de ses devoirs. Ces statuts, on le sait,
ont été tellement défigurés par les modifications de
tout genre qu'ils ont subi depuis trente ans, que l'on
peut dire avec vérité que l'institution sortie de la tête
de Napoléon I<sup>er</sup> n'existe plus : le nom seul est resté,
la chose est devenue une chose de spéculation et
d'agiotage, marquée du sceau de l'époque où nous
vivons.

La banque a été la première à consacrer par son
exemple la pratique de la loi de 1807. C'est elle aujourd'hui qui s'en est affranchie la première.

Longtemps elle a débité le crédit, sinon à bas prix,
du moins à un prix moyen.

Elle le fait payer aujourd'hui 8 et 10 p. 100, suivant son caprice et suivant des nécessités qu'elle allè-
gue et que le public se refuse d'admettre.

Sa mission était de servir le commerce et l'industrie.

Par ses avances sur lingots et sur dépôts de titres,
elle détourne de ce service plus de 200 millions.

Son fonds social devait être toujours disponible.

Il est immobilisé en rentes.

Que ces rentes soient vendues ; que leur prix soit
ajouté aux 200 millions employés en avances ;

Que l'encaisse courant soit accru normalement de
cette double somme, formant une somme moyenne
de 350 millions (1) ;

_______________

(1) L'encaisse est aujourd'hui de cinq cents millions ; si l'on ajoute

Que l'escompte soit refusé aux bordereaux des changeurs, lesquels changeurs font les crises et les entretiennent, et dont le commerce interlope ne peut pas être compris dans la catégorie des industries en faveur de qui a été institué le service de la banque de France ;

Que dans les limites tracées par la prudence qui a présidé à l'établissement de la banque, la pluralité des banques soit proclamée ;

Que toutes ces choses arrivent, et elles arriveront, car elles sont dans la nécessité de la situation, que ces choses arrivent, et le crédit se trouvera rétabli sur ses véritables bases.

Or, par tout ce que nous venons de dire, par les autorités que nous avons invoquées, par la longue pratique de la banque de France elle-même, par l'état de notre richesse métallique, par la loi du véritable progrès, par les exigences de notre société démocratique, nous affirmons, avec M. Isaac Pereire, que le taux maximum commercial peut et doit être le taux de 4 p. 100.

---

Nous nous trouvons ramené à la question qui fait l'objet de cette étude, et c'est ici le moment de nous demander si le taux civil de 5 p. 100 avec ses frais et son usure peut et doit être maintenu.

Nous avons vu tout à l'heure l'économie politique,

les trois cent cinquante millions que nous disons, il sera de huit cent cinquante millions. Un encaisse aussi formidable commande la générosité. Si l'on veut mieux faire encore, que l'on augmente le fonds social.

qui n'a pas la main heureuse, ruiner l'agriculture par des lois inopportunes et mal conçues.

Nous avons vu le génie financier, frère de lait de l'économie politique, après avoir irrité contre lui le commerce et l'industrie en donnant son appui aux exactions de la banque, se montrer incapable de réaliser les bienfaits dont il devait doter l'agriculture. Le crédit foncier a été inventé, lequel a inventé le crédit agricole, et ces deux inventions sont restées sans influence appréciable sur l'agriculture qu'elles devaient soulager d'abord, puis enrichir.

Eh bien! si les imaginations des plus habiles faiseurs avortent; si la spéculation dénature tout et détourne au profit de combinaisons malfaisantes les idées les plus généreuses, si l'initiative individuelle doit renoncer à vaincre les cupidités ameutées contre le sol, si le crédit qui lui est dû lui est refusé, que doit faire la propriété? De quelque part qu'elle se tourne, elle rencontre ou l'hostilité ou l'incapacité : à qui s'adressera-t-elle pour sortir du coupe-gorge dans lequel elle se débat? Elle a livré son corps, comme un corps d'hôpital, à tous les expérimentateurs, à toutes les expérimentations : rien n'a fait; elle succombe; d'où lui viendra le secours? de la loi : la loi seule peut lui rendre la force, et en la faisant revivre, elle sauvegardera tous les intérêts, même ceux qui se croiront atteints.

---

Pour entrer tout droit dans les faits, nous affirmons hautement, sans crainte d'être démenti, que le prêt à l'agriculture n'est pas admissible au-dessus de 3 p. 100, à peine d'être un leurre et la ruine de l'emprunteur.

Nous affirmons, avec la même assurance, que tant que le taux de 5 p. 100 sera le taux légal, le taux de 3 p. 100 sera une chimère, et que, caisses privées et caisses publiques tendront toujours et tendront opiniâtrément à réaliser le 5 p. 100, qui est la condamnation de l'agriculture décrétée par la loi.

L'agriculture sera sauvée le jour où la réalité deviendra une chimère, et où la chimère sera devenue la réalité, c'est-à-dire le jour où la loi de 1807 sera modifiée dans le sens et par les motifs que allons dire.

---

Il y a, nous l'avons vu, toute une classe de financiers qui déclarent que le taux de 5 p. 100 n'est pas suffisamment rémunérateur de leur travail et de leurs peines. C'est en faveur de cette opinion que le conseil d'Etat a ouvert l'an passé une enquête solennelle.

A côté d'eux, il existe une classe, non moins honorable et beaucoup plus nombreuse, de citoyens qui prétendent que ce taux est exorbitant, et qu'il n'a pas sa raison d'être : ils le prouvent.

Ils disent que la loi de 1807 est une loi mal faite;

Que ses auteurs, oubliant les principes élémentaires qui doivent présider à la confection des lois, n'ont pas consulté les faits; qu'au lieu de chercher la mesure naturelle de l'intérêt de l'argent dans l'intérêt produit par la valeur qui peut en donner la mesure la plus exacte, ils ont fixé arbitrairement et contre toute raison l'intérêt de la monnaie à 5 p. 100, alors que le revenu de la terre ne s'élève pas au-dessus de 3 p. 100.

Ils prétendent que dans une nation essentiellement agricole, plus que dans toute autre, soumettre l'industrie de la terre dont les produits entrent dans la richesse générale pour les quatre cinquièmes, la soumettre à un crédit de 5 p. 100 fut une faute, et la cause normale de la misère normale de l'agriculture française.

Ils ajoutent enfin, que si la loi qui a fixé l'intérêt fut injuste en son temps, elle est beaucoup plus injuste dans le nôtre.

Y a-t-il en effet une banalité plus vulgaire et plus vraie que la banalité qui court les rues au sujet de la dépréciation du numéraire? Tout est plus cher, dit-on: qu'est-ce à dire? sinon qu'il faut une plus grande somme d'argent qu'il n'en fallait autrefois pour acquérir une même chose; pourquoi cela? c'est d'abord que l'argent a perdu une partie de sa valeur; c'est ensuite que les objets de consommation, surtout ceux de première nécessité, n'ont pas augmenté en proportion des besoins, et en proportion des métaux précieux. Mais voyez l'ambition! l'or et l'argent, qui sont manifestement dépréciés dans leurs rapports avec la matière échangeable, prétendent échapper à cette dépréciation sur un seul fait, et conserver intacte la faculté de réaliser le même prix qu'on attribuait autrefois à leur loyer. Rien ne saurait justifier ce privilége et cette contradiction. La valeur de l'argent, c'est sa force d'acquisition et de production : acquérir et produire, c'est tout un ; or, si 1,000 fr. n'ont plus la puissance d'ac-

quérir le même champ, le même vêtement, le même
travail qu'ils acquéraient il y a soixante ans par une
conséquence forcée, ces mêmes 1,000 fr. ne sauraient
avoir la puissance d'acquérir ou de produire les 50 fr.
de revenu en 5 p. 100 qu'ils produisaient à cette époque. D'où l'on voit que la valeur du capital étant réduite, la rente doit être réduite en proportion de la
réduction du capital. La loi de 1807 est à refaire.

Nous disons que cette loi est à refaire. Quel est en
effet le devoir du législateur? C'est de se mettre en
rapport avec les réalités vivantes, c'est de vaincre les
résistances que les mœurs et les habitudes du temps
qui fuit tendraient à perpétuer dans le temps qui
arrive. Aucun exemple n'est mieux fait pour rendre
sensible la nécessité d'une intervention légale que ce
que nous venons de dire et de prouver, au sujet de
l'état nouveau introduit dans le monde par la pertur-
bation des rapports du capital avec les objets auxquels il applique sa fonction d'instrument favori de
l'échange. Les signes de sa décadence sont partout; il
résiste cependant : plus on l'abaisse, plus il veut s'élever : ni les leçons de l'expérience, ni les leçons du
bon sens, rien ne le peut soumettre, et à côté de cet
enseignement du bon sens et de l'expérience, nous
sommes témoins, nous l'avons déjà dit, d'un phéno-
mène qui leur est directement opposé : c'est l'effort
hardi et persévérant par lequel on cherche à réagir
contre les faits et contre la nécessité qu'ils imposent.
Cet effort a pour but non pas seulement de soutenir
le prix de l'argent au taux qui était fixé il y a soixante
ans, mais de l'élever par l'abolition de la loi qui le
limite.

Il importe de prémunir le public contre le danger de cette entreprise.

On a vu partout et toujours des hommes satisfaire par tous les moyens leur appétit forcené de lucre. Il était réservé à notre époque de voir le lucre à outrance érigé en droit, au nom des immortels principes de 89; les auteurs de cette théorie essentiellement révolutionnaire oublient que son aboutissement est de livrer aux gros les petits en pâture, jusqu'au jour où, par un inévitable retour des choses d'ici-bas, les gros seront livrés aux petits. On oublie trop que si, dans nos sociétés modernes, l'abaissement de l'intérêt ne marche pas en parallélisme constant avec l'abaissement de la valeur, la civilisation doit rétrograder au temps des civilisations antiques et se rapprocher des civilisations monstrueuses de l'Asie, où l'accumulation de la fortune, entre les mains d'une féodalité puissante, constituait et constitue encore de nos jours un état barbare, dont la cause est l'absence ou la cruauté du crédit, et dont l'effet est la misère générale. Là règne dans toute sa splendeur la liberté de l'intérêt, la liberté des forts et l'oppression des faibles. Nous sommes loin sans doute de ces civilisations; mais ce serait un tort de nous trop enorgueillir : à côté de la barbarie brute et sauvage, il existe une barbarie raffinée, la même au fond sous des formes polies; et la liberté, nous disons le mot, non la chose, la liberté, qui est le mot de passe des despotismes modernes, nous y peut mener tout droit, et plus vite qu'on ne pense, si la loi et ce qui reste à la France de mœurs chrétiennes ne se hâtent de mettre un frein aux emportements qui nous y poussent.

Le jour où la banque de France, par une imprudence qui tient du vertige, s'est affranchie de la loi
limitative de l'intérêt, elle a rouvert la discussion sur
la question qui s'agitait au commencement du siècle.
Cette question est aujourd'hui bien autrement grave et
sérieuse qu'elle ne l'était alors. Les années ont marché, des éléments nouveaux ont surgi : des intérêts
qui n'existaient pas ont été affirmés et formulés. La
lumière est faite sur la loi de 1807 et sur le principe
qui fait sa base. Ce principe, c'est le principe sur lequel reposent les législations de tous les temps et de
tous les pays : c'est le maximum.

Dans sa notion la plus générale, le maximum c'est
l'obligation d'agir dans les limites tracées par l'équité :
c'est l'interdiction du droit de tout faire. Qu'a voulu
le gouvernement lorsqu'il a imposé un maximum (1)

---

(1) La fixation d'un maximum est tellement dans les convenances,
que ceux même qui le repoussent l'admettent.

L'une des quarante-deux questions de la commission d'enquête sur
la banque de France était celle-ci :

« Est-il possible d'imposer à une banque privilégiée un taux fixe
» d'escompte ou même un maximum ? »

Voici la réponse que fait à cette question M. Raoul Boudon, écrivain plein de sagesse et de mesure :

« Non, dit-il, mais il est possible de lui imposer, pour ses opéra-
» tions, des règles qui l'obligeront à maintenir le taux de son es-
» compte au minimum. »

Il nous semble que ces règles, cette obligation, ce minimum imposé, c'est le maximum sous un autre nom.

Aux âmes naïves qui pourraient croire encore à la vertu du principe de liberté, nous rappellerons ce fait : A la fin de juin 1857, la
banque escomptait à six. C'était bien fort. Au mois de septembre
elle avait porté l'escompte à 10 p. 100; c'est-à-dire que ce grand éta-

aux tarifs des compagnies de chemins de fer? Qu'ont
voulu nos Codes dans les innombrables dispositions
de leurs innombrables lois, sinon protéger le faible
contre le fort, et fixer un maximum aux caprices de
la liberté et aux excès de la passion? Vous irez jus-
que-là, vous n'irez pas plus loin : c'est la parole qui
fait vivre l'humanité depuis six mille ans. L'avarice
serait-elle donc le seul vice qui aurait la prétention
d'abriter ses méfaits sous la protection des lois ? Cela
ne peut être. La loi de 1807 est enchaînée depuis huit
ans dans les caves de la banque de France ; elle
dort : il faut la réveiller ; la réveiller ne suffit pas :
il faut la rajeunir. Nous voyons bien que les uns la

blissement, dont les bénéfices étaient déjà énormes, avait demandé à
la liberté de rendre ces bénéfices plus énormes encore. L'idée est
jolie et serait bonne, si les frais de ces énormités ne lui étaient pas
faits par les souffrances du commerce tout entier. Beaucoup de capitaux civils attendent le moment d'exécuter la même manœuvre. Ce
sera le tour renouvelé du boulanger français, exploitant le populaire
au nom de la science et de la liberté.

Une dernière observation.

Nous sommes, comme on sait, inondés de liberté : liberté du commerce, liberté de la boulangerie, liberté de la boucherie, etc., etc.
Eh bien ! toutes ces libertés qui manquaient à la France, trop heureuse depuis qu'elle les possède, toutes ces libertés, qu'on le sache
bien, n'ont été lancées que pour préparer la voie à la grande liberté :
la liberté par excellence, la liberté du taux de l'argent. Celle-là est
tout, le reste est bagatelle.

Or, par une foule de raisons, inutiles à expliquer ici, il est permis
de croire que nous touchons à un temps où l'emploi le plus sûr et le
seul possible peut-être du capital sera l'industrie de l'escompte. Si
cela est vrai, comme nous le croyons, il est facile de comprendre
l'importance que l'on attache à l'abolition de la loi de 1807.

veulent détruire comme gênant leurs aspirations au 10 p. 100 ; mais nous voyons, d'un autre côté, les intérêts généraux du pays lui demander de décréter ce que le comte de Villèle essaya vainement d'obtenir de la législature libérale de 1824. On reproche à la loi d'être vieille ; elle est vieille, en effet : la matière qu'elle était chargée de réglementer n'est plus la même ; les temps ont changé, apportant avec eux des exigences nouvelles. Une loi nouvelle est nécessaire, ainsi conçue :

Le taux de l'intérêt est fixé :

A 4 p. 100 en matière commerciale ;

A 3 p. 100 en matière civile.

Cette loi, qui est dans le devoir de la politique, est dans les vœux et dans les besoins de l'agriculture. L'agriculture renaîtra le jour où ces vœux et ces besoins seront satisfaits.

---

Résumons-nous.

Si la propriété foncière avait une représentation intelligente et dévouée dans ses comices, dans ses journaux, dans l'assemblée législative, les deux questions de l'impôt et du crédit devraient être les deux questions capitales, à l'ordre de tous les jours.

Or, ces intérêts de la propriété, les seuls réels, étant abandonnés par les propriétaires eux-mêmes, soit par ignorance, soit par je ne sais quelles faiblesses, difficiles à définir, il arrive que la direction de l'impôt et la direction du crédit deviennent de jour en jour plus hostiles à ces intérêts.

Tous les ans, on lit, dans les comptes rendus des conseils généraux, des délibérations courageuses prises contre les moineaux, les hannetons et autres animaux infimes, nuisibles à l'agriculture ; mais de la grosse bête à deux têtes, qui suce le lait et le sang de la mère nourrice, gardez-vous de croire qu'ils s'en occupent.

Aussi, que voyons-nous ? Faut-il venir au secours des compagnies de chemins de fer ? On frappe la propriété par le double décime et par la loi des chevaux et voitures.

Faut-il couvrir la France de travaux publics ? Ce sont les centimes additionnels, dont l'impôt direct foncier fournit la plus grosse part, qui sont mis à contribution.

Dans l'enquête ouverte l'an passé devant le conseil d'Etat, au sujet de la liberté de l'intérêt, l'agriculture n'a pas été appelée à donner son avis. D'une question qui n'est au fond, comme l'a dit excellemment Proudhon, qu'une question d'usure et d'usuriers, on a prétendu faire une question scientifique, et l'on a convoqué à grand fracas des professeurs des universités belges et wallonnes. Toutes les voix du travail ont protesté : l'industrie a protesté ; l'agriculture n'a pas pu, n'a pas su joindre sa voix à la voix de ces protestations. Si elle a provisoirement échappé au danger, elle le doit à l'attitude du commerce de Paris et de Lyon, et sans doute aussi à la magistrature française, qui s'est fait l'honneur inattendu de repousser par un vote unanime l'invitation qui lui était faite de s'associer au mauvais coup de la science économique. La propriété foncière s'est mise et a été mise hors de cause.

Nous venons de lui signaler le double mal qui la dévore. Ce mal demande un prompt remède. Les destinées de l'agriculture française sont attachées aux deux réformes radicales de l'impôt du crédit. Il s'agit de fonder l'égalité de l'impôt et de fonder le 3 p. 100. La sagesse de l'empereur Napoléon III saura vouloir que ces réformes ne soient pas des révolutions.

FIN.

Toulouse, Imp. de A. CHAUVIN, rue Mirepoix, 3.

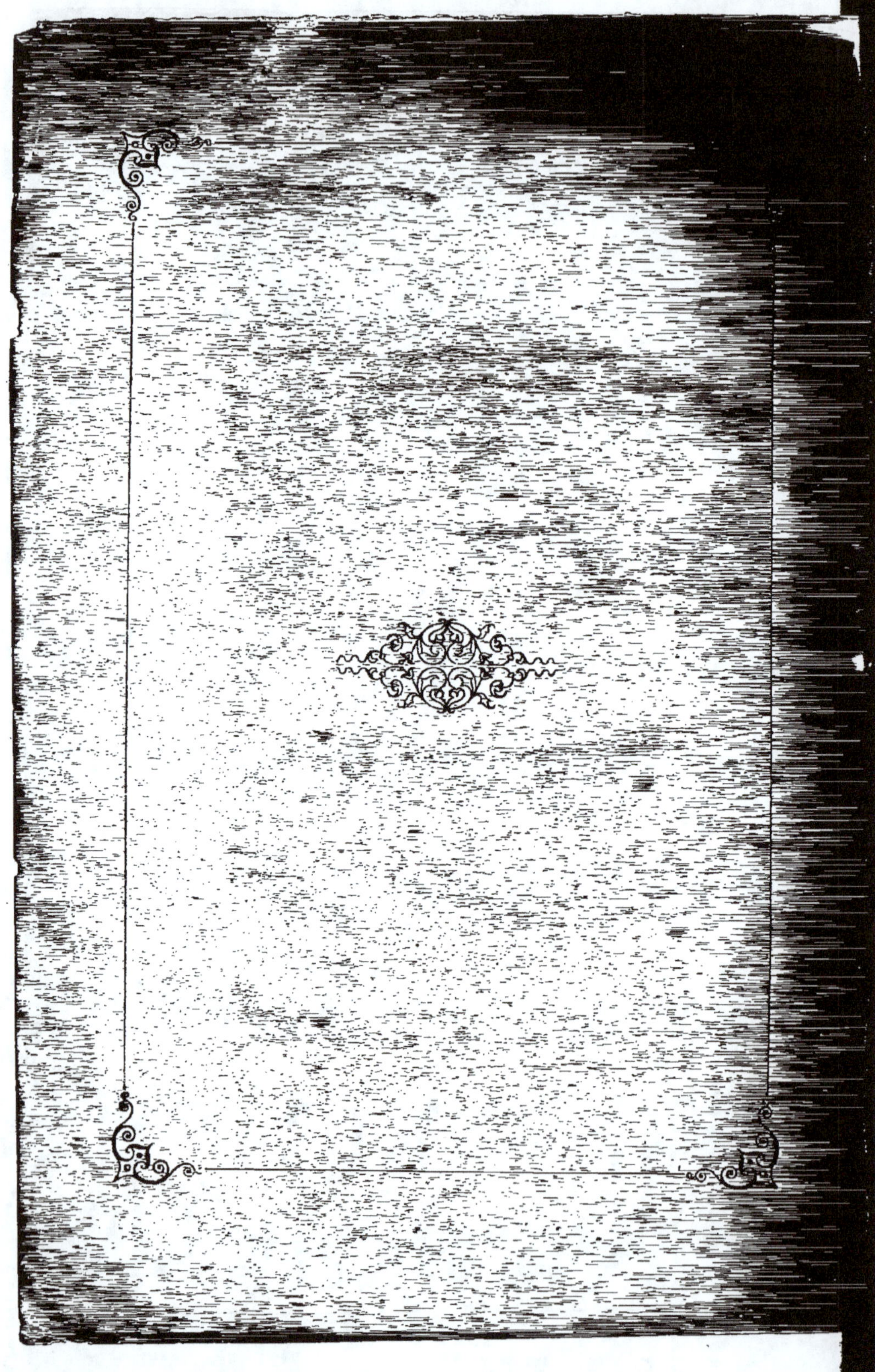